Bibliografische Information der Deutschen Nationalbibliothek:

Die Deutsche Bibliothek verzeichnet diese Publikation in der Deutschen National-
bibliografie; detaillierte bibliografische Daten sind im Internet über http://dnb.d-
nb.de/ abrufbar.

Impressum:

Copyright © 2010 GRIN Verlag
Druck und Bindung: Books on Demand GmbH, Norderstedt Germany
ISBN: 9783640703005

Dieses Buch bei GRIN:

https://www.grin.com/document/154950

Benny Roob

Technischer Datenschutz

Überblick und Stand der Technik

GRIN Verlag

GRIN - Your knowledge has value

Der GRIN Verlag publiziert seit 1998 wissenschaftliche Arbeiten von Studenten, Hochschullehrern und anderen Akademikern als eBook und gedrucktes Buch. Die Verlagswebsite www.grin.com ist die ideale Plattform zur Veröffentlichung von Hausarbeiten, Abschlussarbeiten, wissenschaftlichen Aufsätzen, Dissertationen und Fachbüchern.

Besuchen Sie uns im Internet:

http://www.grin.com/

http://www.facebook.com/grincom

http://www.twitter.com/grin_com

1 Einleitung

Informations- und Kommunikationstechnologie bestimmt das Leben im 21. Jahrhundert. Egal ob in Privathaushalten, Unternehmen oder der öffentlichen Verwaltung, Informationen werden elektronisch verarbeitet, gespeichert und weitergeleitet. Das geht von einer einfachen Mail an Bekannte über die elektronische Steuererklärung bis hin zu hochkomplexen Geschäftsprozessen. Die IT- Produkte sind allgegenwärtig. Neben offensichtlichen Produkten, wie Computer und Handys, existieren eine Vielzahl verborgenen Produkte (RFID- Chips in Scheckkarten oder Sensor- Systeme in Autos). Oft sind IT- Produkte vernetzt, was nicht zuletzt durch die zunehmende Globalisierung begünstigt wird. Drahtlose Kommunikation unterstützt diese Entwicklung. Doch gerade dieser Fortschritt führt zu Sicherheitsrisiken. Eine „Infizierung" des Systems kann innerhalb kürzester Zeit enormen (wirtschaftlichen) Schaden anrichten. Der Schutz von Daten wird daher immer wichtiger.Hier muss jedoch angemerkt werden, dass diese Hausarbeit nicht den Datenschutz im Sinne des BDSG[1] (Schutz personenbezogener Daten vor Missbrauch durch Dritte) behandelt, sondern Datenschutz im Kontext von Datensicherheit bzw. Informationssicherheit[2]. Neben diversen Maßnahmen, die vom Anwender selbst ausgehen, existieren unterschiedlichste Möglichkeiten zur technischen Erreichung eines angemessenen Sicherheitsniveaus.

Die vorliegende Hausarbeit befasst sich inhaltlich mit dem technischen Datenschutz. Dazu werden Gründe für die Notwendigkeit des technischen Datenschutzes genannt. Im weiteren Verlauf werden die gängigsten Bedrohungen für die Datensicherheit näher beschrieben. Anschließend folgt eine Darstellung und Bewertung der aktuellen Möglichkeiten zum technischen Datenschutz.

---

[1] Bundesdatenschutzgesetz.
[2] Vgl. BSI: Leitfaden Informationssicherheit, S. 8.

2 Gründe und Notwendigkeit für Datenschutz

Wie schon erwähnt sind IT- Systeme Bestandteil des täglichen Lebens. Auf Heimcomputern, Notebooks und PDAs bzw. Handys von Privatpersonen existiert eine Vielzahl von Daten. Diese können dazu benutzt werden, Profile von den Betroffen anzufertigen und für Verkaufszwecke[3] oder illegale Unternehmungen[4] zu nutzen. Weiterhin ist das so genannte Phishing[5] eine beliebte Methode, um an Bankdaten zu gelangen und anschließend das gesamte Konto (meist vom Ausland aus) zu leeren.

Die Risiken für IT- Systeme in Unternehmen sind in der Regel noch größer als für Privatpersonen, da neben Industriespionage und Sabotage auch Straftaten vom meist leistungsfähigen Netzwerk des Unternehmens aus begangen werden. Sicherheitsbehörden und andere öffentliche Einrichtungen sind im Besitz von umfangreichen Personenbezogenen Daten[6], die besonders schutzwürdig sind. Datenschutz hat daher hier einen höheren Stellenwert als in Privathaushalten. Zudem ergeben sich Datenschutzverpflichtungen aus verschiedenen nationalen und internationalen Vorschriften.

Datenschutz in informationsverarbeitenden und –lagernden Systeme soll Vertraulichkeit, Integrität und Verfügbarkeit gewährleisten. Dies bezieht sich also auf alle relevanten Informationen einer Organisation, einschließlich personenbezogener Daten. Vertraulichkeit bedeutet, dass die Daten lediglich von autorisierten Benutzern gelesen bzw. modifiziert werden dürfen. Vertraulichkeit soll einen unbefugten Informationsgewinn verhindern. Integrität heißt, dass die Daten nicht unbemerkt verändert werden dürfen, bzw. dass alle Änderungen nachvollziehbar sein müssen. Diese Verlässlichkeit soll eine unbefugte Modifikation verhindern. Verfügbarkeit meint, dass Daten nicht verschwinden dürfen und bei Bedarf zugreifbar sein müssen, sowie die Gewährleistung der Funktionsfähigkeit

---

[3] Personenbezogene Werbung etc.
[4] Identitätsdiebstahl.
[5] engl. password harvesting fishing = Passwörter ernten / angeln i.S.v. ausspähen.
[6] Datenbestände von Polizei, Einwohnermeldeamt, Finanzamt, usw.

von Programmen. Zielrichtung ist hier, dass eine unbefugte Beeinträchtigung der Funktionalität unterbunden wird. Weiterhin ist auch die Authentizität von Daten von Bedeutung, was Zurechenbarkeit und Rechtsverbindlichkeit impliziert[7].In bestimmten Fällen, z.b. beim Surfen im Internet, spielt auch die Anonymität des Anwenders eine Rolle.

Ziel der Informationssicherheit ist es, dem Verlust dieser Eigenschaften entgegenzuwirken. Durch den Verlustder Verfügbarkeit können z.b. keine Geldtransaktionen mehr durchgeführt werden. Ohne Vertraulichkeitwerden interne und personenbezogeneDaten Unbefugten bekannt. Der Verlust der Integrität führt zu Verfälschungen. Da Authentizität ein Teil der Integrität ist, werden bei Verlust Daten der falschen Person zugeordnet (z.B. eBay- Bestellungen zu Lasten Dritter)[8].

3 Bedrohungen

Die Effekte oder Ziele die ein potenzieller Angreifer im Normalfall aus monetären, teilweise aber auch aus altruistischen Gründen anstrebt, sind ein technischen Systemausfall, Systemmissbrauch (illegitime Ressourcennutzung, Veränderung von Inhalten, usw.), Sabotage, Spionage, Betrug und Diebstahl.

Zur Verwirklichung dieser Ziele steht eine Reihe von Möglichkeiten zur Verfügung:

3.1 Fehler (Bugs)

Bugs in Programmen oder Programmteilen haben Wirkungen, die nicht den Anforderungen entsprechen. Aufgrund der hohen Komplexität der heutigen Software treten Bugs relativ häufig auf. Ein Grund dafür ist die Veröffentlichung unausgereifter Produkte aus Konkurrenzdruckgründen. Werden diese Bugs nicht behoben, können weitere Fehler auftreten (z.B. Programm läuft instabil und Datenverlust). Zudem sind Bugs offene Türen

---

[7]Vgl. FEDERRATH (2007), S. 12ff.
[8]Vgl. TAVAS (2006), S, 2f.

für Hacker zum System. Ein Negativbeispiel war jahrelang der „Internet Explorer" von Microsoft[9].

3.2 Trojanisches Pferd

Das trojanische Pferd ist, in Anlehnung an die griechische Mythologie, ein Programm oder Programmteil mit verdeckten Wirkungen. Meist ist der Trojaner eine vermeintlich nützliche Anwendung, wobei im Hintergrund eine andere (schadhafte) Anwendung abläuft. Der Trojaner verbreitet sich entweder über Datenträger oder über Downloads aus dem Internet (E-Mail- Anhänge, Tauschbörsen, etc.).Trojaner können nach u.a. Benutzerdaten ausspionieren und Tastaturfolgen aufzeichnen, was für die Überwachung von Home-Banking- Programmen relevant ist. Weiterhin kann ein Trojaner unerwünschte Werbung anzeigen, den Benutzer auf bestimmte Webseiten (meist aus dem Erotikbereich) weiterleiten und Zugangsdaten (u.a. zu E- Mail- Anbietern) ausspähen. Noch gefährlicher jedoch sind so genannte Serverprogramme,dem Angreifer den Zugriff auf das System ermöglichen.

Trojaner können nach verschiedenen Tätigkeiten unterschieden werden[10]:

- Backdoor-Trojaner-Utility der Remote-Administration: Remote-Administration von Computern im Netzwerk.

- Trojan-PSW - Passwort-Diebstahl: System- Dateien werden nach Kennwörtern durchsucht und diese an den Angreifer gesendet.

- Trojan-Clicker - Internet-Klicker: Ungesetzmäßiger Zutritt zu Webseiten.

- Trojan-Downloader - Download anderer Schadprogramme.

- Trojan-Dropper - Installation anderer Schadprogramme.

- Trojan-Proxy - Trojaner Proxy-Server: Zugang zu verschiedenen Internet-Ressourcen (Spam-Versand).

---

[9] Vgl. TAVAS (2006), S. 5.
[10] Vgl. TAVAS (2006), S. 5ff.

- Trojan-Spy - Spion-Programme: ElektronischeSpionage (Tastatur, Screenshots, aktive Programme, Aktivitäten des Anwenders).

- Trojan-Notifier - Meldung über eine erfolgreich durchgeführte Aktion.

3.3 Verschleierungsprogramme

Diese Programme bilden eine bekannt Funktion nach. Im Regelfall ist dies die Login- Funktion für z.b. Online- Banking- Websites. Die Daten werden auf der vom Angreifer präparierten Seite eingegeben und gespeichert, um sie anschließend auf der „echten" Seite für kriminelle Zwecke zu nutzen[11].

3.4 Logic Bombs, Zeitbomben

Die Wirkung dieses Programms tritt erst bei einem bestimmten Ereignis (Auslöser) oder Zeitpunkt ein. Es kann hier zwischen internen (z.B. Aufruf bestimmter Dateien, Systemzeit) und externen (Passworteingabe, Transaktion, externes Ereignis) Auslösern unterschieden werden.

3.5 Backdoors

Backdoors sind unbekannte „Eingänge" in ein Programm oder System. Sie werden für den ordnungsgemäßen Betrieb nicht benötigt, sind jedoch trotzdem vorhanden. Backdoors werden legal und bewusst implementiert, jedoch nicht dokumentiert. Sie sollen Programmierern und Wartungspersonal die Arbeit erleichtern, falls etwas mit dem Programm nicht stimmt. User- Exits[12] haben ein ähnliches Gefährdungspotenzial[13].

3.6 Würmer

Ein Wurm ist ein sich selbst reproduzierendes und selbst verbreitendes Programm. Die Verbreitung erfolgt über Netzwerke mit Hilfe von Wirtsapplikationen. Es wird in 2 verschiedene Arten von Würmern unterschieden: E- Mail Worm (Postwürmer) und Internet Worms (andere Netzwürmer). Der Mail Worm verbreitet sich, wie der Name schon sagt, getarnt in einer E- Mail. Der Wurm verbreitet sich dann über alle auf dem

---

[11] Vgl. TAVAS (2006), S. 7.
[12] Schnittstellen, bei denen der User seine eigenen Programmteileanbinden kann und somit eine Benutzerfreundlichkeit schafft.
[13] Vgl. TAVAS (2006), S. 8f.

Rechner gefundenen E- Mail- Adressen selbstständig weiter. Andere Netzwürmer verbreiten sich beim Datei- Austausch im Internet[14].

3.7 Viren

Ein Virus ist ein nicht- selbstständiger Code, der das System infiziert. Er reproduziert sich selbst, analog dem biologischen Virus, und verbreitet sich von Datei zu Datei. Ziel kann z.b. sein Programme und Daten zu überschreiben, verändern oder löschen. Viren können sich in Makros von Textverarbeitungsprogrammen verbergen und von dort aus die gesamte Festplatte formatieren[15].

4 Technischer Datenschutz

Grundsätzlich ist anzumerken, dass auch minimaler Schutz besser ist als gar kein Schutz, da Angriffe oft nach dem Zufallsprinzip bzw. nicht zielgerichtet auf einen bestimmten Nutzer erfolgen. Zur Sicherung von Daten vor o.g. Angriffen existieren neben den Möglichkeiten, die uns der gesunde Menschenverstand bietet[16], zahlreiche technische Verfahren:

4.1 Passwörter

Passwörter gehören weit verbreiteten Schutzmechanismen, sind aber auch in ihrer Effektivität begrenzt. Nur berechtigte Benutzer sollen Zugriff auf das System haben. Daher ist es sinnvoll, dass die Passwortabfrage unmittelbar nach dem Einschalten des Systems erfolgt. Passwortsicherungen sind in der Regel kostenneutral, da die meisten Systeme diesen Schutz mitliefern. Es gibt mehrere Möglichkeiten der Passwortsicherung:

- BOOT- Passwort: Im BIOS verankert. Bei Fehlangabe wird der Boot-Vorgang abgebrochen. Einfach zu überwinden[17], aber schützt vor Zufallstätern.

- Die meisten Betriebssysteme enthalten werkseitig

---

[14]Vgl. TAVAS (2006), S. 9f.

[15] Vgl. TAVAS (2006), S. 10ff.

[16] Wie Niemand einem Fremden seine Adresse und seinen Haustürschlüssel gibt, so sollte auch Niemand seine Bankdaten offensichtlich preis geben.

[17] Entfernen und Neueinsetzen der Knopfzelle auf der Hauptplatine.

Zugriffsschutzmechanismen, welche meist auch nach Nutzern differenziert werden können (Admin, Gast).

- Zusatzhardware oder –Software, die vor dem eigentlichen Start eine Passworteingabe erforderlich macht (meist bei Firmen- oder Behördenrechnern)[18].

Bei der Wahl der Passwörter gibt es jedoch einige Punkte zu beachten:

- große Anzahl der möglichen Passwörter (Verhindert ein Ausprobieren).

- nicht zu kompliziertes Passwort, damit es auswendig gelernt werde kann, aber so komplex, dass es nicht erraten werden kann (keine Namen, Geburtsdatum, usw.).

- Nutzung von Sonderzeichen und Zahlen.

- min. 8 Zeichen lang.

- bei nur Ziffern min. 6 Zeichen Länge und eine Sperrung nach bestimmter Anzahl Fehlversuche.

- Ersetzen von voreingestellten Passwörtern durch individuelle.

- keine Möglichkeit Passwörter auf Funktionstasten zu programmieren.

- Geheimhaltung, bzw. schriftlich fixieren und verschlossen lagern.

- regelmäßiger Wechsel (auch bei Verlust oder Bekanntwerden).

- alte Passwörter sollten nach einem Wechsel nicht mehr zur Verfügung stehen (Passworthistorie).

- Vergabe von Einmalpasswörtern zur Erstanmeldung, die anschließend geändert werden müssen.

- Fehlermeldungen bei Falscheingabe ohne Einzelheiten (Benutzername oder Passwort falsch).

- keine Übertragung in unverschlüsselten Netzwerken.

- veränderte Darstellung des Passwortes bei der Eingabe (*******)[19].

4.2 Bildschirmsperre

Bei Inaktivität oder auf Kommandoeingabe des Benutzers wird der Bildschirm gesperrt und erst nach Passworteingabe wieder entsperrt. Alle

---

[18] Vgl. BSI: IT- Grundschutz, S. 2464.
[19] Vgl. BSI: IT- Grundschutz, S. 1097ff.

gängigen Betriebssysteme bieten diese Option an, meist in Form von Bildschirmschonern[20].

4.3 Anti- Viren- Programme

Anti- Viren- Programme bzw. Viren- Schutzprogramme sind geeignet, um jegliche Schadprogramme zu finden. Heutige Programme bieten min. einen Basisschutz gegen Viren, Würmer, Trojaner, Spyware und Backdoors. Die gängigsten Produkte erkennen 95% aller sich im Umlauf befindenden Viren und sind bereits als Freeware verfügbar (z.b. Avira Antivir). Dabei läuft das Programm im Hintergrund und überwacht sämtliche Prozesse (residente Schutzprogramme) bzw. prüft in bestimmten Abständen den Datenbestand. Anti- Virus- Programme überwachen sich selbst auf Unversehrtheit und können auch bekannt getarnte Schadprogramme enttarnen. Zur Erkennung nutzen diese Programme Signaturen (Code- Sequenzen). Dazu muss allerdings der Schädling bekannt werden und dessen Signatur in die Signaturerkennung aufgenommen werden. Der Nachteil bei unbekannten Schadprogrammen liegt auf der Hand. Um diesen auszugleichen, können die Programme heuristisch suchen, bedeutet nach verdächtigen Befehlsfolgen. Im Ergebnis sind hier auch Fehlalarme möglich. Nach dem Erkennen, können Schädlinge mit der heutigen Software meist gleich entfernt werden. Da viele Schädlinge per Mail ins System gelangen, wird das Programm in den E- Mail- Client integriert. Bei der Ausführung aktiver Inhalte erfolgt ebenfalls eine Prüfung. Mit der Protokollierungsfunktion lassen sich die Suchvorgänge und Treffer auswerten. Meist hat die Software einen Link zu weiterführenden Informationen über den gefundenen Schädling[21].

Die Effizienz von Anti- Viren- Software steht und fällt mit der Aktualität ihrer Such- Engine, besonders bei der Suche nach Signaturen. Daher sind regelmäßige Updates wichtig, was zumeist eine Auto- Update- Funktion übernimmt[22].

---

[20] Vgl. BSI: IT- Grundschutz, S. 2465.

[21] Vgl. BSI: IT- Grundschutz, S. 1408ff.

[22] Vgl. BSI: IT- Grundschutz, S. 2466ff.

4.4 Firewalls

Firewalls kontrollieren Verbindungen zwischen Netzwerken, also dem Internet oder auch Firmennetzwerken. Sie werden in Hard- oder Softwaresystemen bzw. ein Mischung aus beiden unterschieden. Einfache Personal Firewalls mit ausreichendem Basisschutz sind kostenlos erhältlich. In großen Netzen werden jedoch komplexe Firewallsysteme (Hard- und Softwarekomponenten) eingesetzt. Firewalls schützen zwar nicht undbedingt vor Schadprogrammen, können aber auf unautorisierte Netzwerkkommunikation hinweisen und diese ggf. unterbrechen. Moderne Betriebssysteme und Router haben integrierte Firewalls, um einen Mindestmaß an Schutz zu gewährleisten[23].

4.5 Verschlüsselung

Verschlüsselung von Informationen wird als Kryptografie bezeichnet. Daten, die nicht in die Hände Dritter geraten sollen, müssen durch geeignete Maßnahmen und Software verschlüsselt werden. Dies betrifft auch Daten, die sich auf Massenspeichern befinden, und sensible Daten (z.B. Kreditkartennummern) während des Surfens im Internet.Der Zugriff auf die Daten ist nur über den richtigen Schlüsselmöglich. Bei der symmetrischen Kryptografie verfügt (meist) jeder Benutzer über einen Schlüssel. Diese Methode wurde eher im Zweiten Weltkrieg oder Kalten Krieg eingesetzt. Der Nachteil ist, dass aus dem Chiffrierschlüssel der Dechiffrierschlüssel gewonnen werden kann. Eine geeignetere Methode ist die Public- Key- Methode (asymmetrische Verschlüsselung), bei der jeder Nutzer einen Schlüssel besitzt. Der zweite Schlüssel befindet sichfrei zugänglich im Netz bzw. bei einer Zertifizierungsstelle. Der heute gängige Verschlüsselungsstandard ist AES, den z.B. amerik. Bundesbehörden verwenden. Programme wie TrueCrypt bieten diese Verschlüsselungsmethoden an.

Besonders gefährdet sind unverschlüsselte, kabellose Netze (WLAN´s), da jeder Zugriff erlangen kann[24].

---

[23] Vgl. BSI: Leitfaden Informationssicherheit, S. 26ff.
[24] Vgl. BSI: IT- Grundschutz, S. 76ff.

5 Fazit

Die Möglichkeiten für Angreifer auf geschützte Daten sind vielfältig und schreiten in ihrer Entwicklung ebenso schnell voran, wie die gesamte Technik. Die Abwehrmaßnahmen können größtenteils nur reagieren. Daher ist es besonders wichtig Softwarelösungen und Systeme generell auf dem neuesten Stand zu halten. Eine Kombination der unterschiedlichen Lösungen bietet hierbei den größtmöglichen Schutz. Zur Auswahl der Produkte helfen besonders dem Privatanwender Tests in Fachzeitschriften.

Der beste Datenschutz ist aber immer noch, die Daten in einem vom Internet abgeschotteten Netzwerk zu lagern und für die Internetnutzung ein Stand- Alone- System zu benutzen[25].

---

[25] Vgl. Vgl. BSI: Leitfaden Informationssicherheit, S. 29.

Quellenverzeichnis

FEDERRATH, Hannes (2007): Technischer Datenschutz und mehrseitige IT- Sicherheit. Seminar »Sichere und datenschutzgerechte Technikgestaltung in einer mobilen und vernetzten Welt« der Studienstiftung des deutschen Volkes, La Villa (Italien), 27.08.2007.

FEDERRATH, Hannes (2009): Technischer Datenschutz in Zeiten von Terrorbekämpfung und Vorratsdatenspeicherung. In IT-Sicherheit am Donaustrand „Sicherheitstechnische und sicherheitsrechtliche Herausforderung des Web 2.0", Passau, 16.12.2009.

N.n.:IT-Grundschutz-Kataloge des Bundesamtes für Sicherheit in der Informationstechnik (BSI); 11. Ergänzungslieferung.
URL:
https://www.bsi.bund.de/cae/servlet/contentblob/915524/publicationFile/59 108/it-grundschutz_el11_html_de.zip;jsessionid=8C8664CB22010C6286ABE0F F29F86900. Stand: 21.05.2010.

N.n.: Leitfaden Informationssicherheit des Bundesamtes für Sicherheit in der Informationstechnik (BSI).
URL:
https://www.bsi.bund.de/cae/servlet/contentblob/540280/publicationFile/34 672/GS-Leitfaden_pdf.pdf. Stand: 20.05.2010.

TAVAS, Monika (2006): Angriffe im Netz. Seminar-Ausarbeitung Sicherheit und technischer Datenschutz in Informationssystemen, Karlsruhe, 2006.